¡Oh, música!

Escrito e ilustrado por *Aliki*

EDITORIAL JUVENTUD

Donde hay vida, hay música

La música es un lenguaje universal.

Preludio

Solo una vez le oí decir a alguien que en su vida no había tenido música. Era una excepción. Todas las demás personas que he conocido han tenido algún contacto con ella.

Mi propia iniciación comenzó, como hija de inmigrantes griegos, cuando mi familia se reunía los domingos para hacer música. Abuelos, padres, tíos, tías, primos y primas bailaban, cantaban a varias voces y tocaban instrumentos del viejo y del nuevo mundo –busuki, mandolina, guitarra, acordeón, armónica, violonchelo, violín y piano– en su "orquesta". A los tres años, yo cantaba solos de canciones populares griegas subida sobre la mesa del comedor de mi tía, y buscaba en el piano las melodías que escuchaba por la radio.

La música fluía a través de nuestras escuelas elementales y medias, donde formaba parte de la educación. Lo teníamos todo: banda, orquesta, coro, orfeón.

En casa, todos estudiábamos piano. Además, una de mis hermanas estudiaba violonchelo y danza, la otra, canto. Mi hermano «tocaba la radio», y la mía siempre estaba sintonizada con una emisora clásica. Durante los largos viajes en familia, nos poníamos a cantar espontáneamente corales de Bach o las cuatro voces del Aleluya. Estábamos unidos en la música.

Título original: AH, MUSIC! © 2003, Aliki Brandenberg © de la traducción española: EDITORIAL JUVENTUD, S. A.
Provença, 101 - 08029 Barcelona info@editorialjuventud.es www.editorialjuventud.es
Traducción de Graziella Bodmer Primera edición, 2004 Depósito legal: B. 9.616-2004 ISBN: 82-261-3343-6
Núm de edición de E. J.: 10.387 *Printed in Spain* SORPAMA, Paraguai, 12 - 08020 Barcelona

Para Willa Demetria
Con una canción en mi corazón

Agradecimientos

H ace tres años, empecé a reunir las piezas de texto e ilustración para este libro. (Llevaba años dándole vueltas a la idea.) Desde entonces, una avalancha de libros, programas de radio y televisión, películas, conciertos y personas me ayudaron, me guiaron, me dieron alguna palabra de apoyo. Quiero expresar mi agradecimiento a cada una de ellas.

Especialmente a Phoebe Yeh, por su atención y apoyo constantes, a Al Cetta, por su paciencia y destreza habituales, a las microscópicas observaciones de Renée Cafiero, a Whitney Manger y Drew Wills por estar allí.

A Robert Waldman (compositor, Nueva York) por su amistad y musicalidad. A Jeremiah W. McGrann (profesor asistente del Boston College, Massachusetts), Rob Roman (San José Jazz Society, California), y a Michael Mulder (P.S.183, Ciudad de Nueva York) por sus valiosas sugerencias.

A Pete Bergeron y Mike McClowskey (Nueva Orleans, Luisiana), por aquella sesión intensiva de música local en Mulate's (¡que aún no había sido fundado en "1900"!).

A Martina Thomson (Londres) por su entusiasmo, a Esther Hautzig (Ciudad de Nueva York) por su estímulo, a Leila y Emma Schütz (París) por tocar para mí.

A la maravillosa LeeAnn Lugar (Escuela Primaria William E. Miller, Ohio) por mantener el entusiasmo de sus alumnos por la música, a Rachel Powell (Escuela Primaria Valley Forge, Pennsylvania) por su forma de decir "a cappella", a Mary Kepple (Escuela Primaria Wiggin Street, Ohio) que estaba enseñando un canon, y a todos los anónimos que me proporcionaron listados de su música popular favorita.

Gracias al maestro Leonard Slatkin por su musicalidad, sensibilidad, su humor y sus conferencias sobre música en la emisora de la BBC, y a Wynton Marsalis por su serie televisiva sobre jazz, dirigida a niños de todas las edades.

Sobre todo, un profundo agradecimiento a R. Vivian Walton (Instituto de Yeadon, Pennsylvania) por colmar a sus alumnos de amor a la música para toda la vida.

¡Oh, música!

ÍNDICE

¿Qué es la música?

La música es sonido

Si tarareas una melodía,

tocas un instrumento,

bates un ritmo,

estás haciendo música.
También la estás escuchando.

La música es ritmo

Este es el ritmo que puedo marcar.

El ritmo es el paso que marca la banda al andar, el traqueteo del tren,

la cadencia a la que batimos un huevo, el latido del corazón.
Algunas pulsaciones son más fuertes que otras.
Puedes contar los acentos.

Las personas sordas
pueden sentir la vibración de la pulsación.

La música es melodía

Esta es la melodía que sé tararear,

o la canción que puede ser cantada
si se añaden palabras a la música.
A menudo, las palabras son un poema.

Campanita del lugar,
suena alegre, suena alegre,
Campanita del lugar,
suena alegre sin parar.

No sabía que supieras cantar.

La música es altura y timbre

El sonido sube y baja. Esto es su altura.
El timbre es el color –la brillantez o la oscuridad– del sonido.
Algunos instrumentos producen notas muy altas y brillantes.

El sonido del piccolo es tan agudo que oigo como se abre camino hasta mi cabeza.

Algunos sonidos metálicos
muy agudos suenan
como una luz
muy penetrante.

Te estoy oyendo, duendecillo.

Lo oigo hasta en la punta de los dedos.

Este es mi preferido.

Algunos instrumentos tienen
un sonido muy grave.
Puede ser oscuro,
sombrío, misterioso.

El contrabajo es tan profundo que casi no puedo alcanzarlo.

Ja, ja. Lo que es bajo es mi sonido. Buu buu buu.

La música es intensidad

El sonido puede ser fuerte o suave.

Shhhh.

La música es sentimiento

Nos provoca estados de ánimo.

La música no habla con palabras, como en una canción.
Habla con expresión.
Es un lenguaje universal que une a la gente.
Todo el mundo puede entenderla,
porque todos tenemos sentimientos.
La música puede hacerte sentir feliz, triste o enfadado.
Puede provocarte ganas de bailar, andar, cantar,
estar quieto, escuchar o soñar.

¡Oh, música!

*Nos sentaremos aquí
y dejaremos que los sonidos de la música
fluyan hacia nuestros oídos.*

Esto lo dijo Shakespeare.

Mientras oigo música,
puedo ver imágenes en mi cabeza.

Imagino que oigo piar
a los pájaros.

Oigo una fresca catarata.

Veo un brillante amanecer.

Veo un bosque oscuro
y amenazador.

Oigo una ciudad ruidosa.

La música es un arte creativo

Igual que un escritor utiliza palabras,

o un pintor utiliza pintura,

**el compositor utiliza la música
para crear imágenes y sentimientos.
La escribe mediante notas, símbolos
y números, en líneas o espacios.
La notación describe el ritmo, la altura, el timbre,
el sentimiento e incluso los silencios de la obra.**

La música escrita

Cada nota muestra su duración.
Algunas notas son largas, otras son cortas.
Cada una de las notas situadas en el pentagrama tiene una altura.
Los símbolos señalan las pausas y cuan fuerte, suave,
rápido o lento hay que tocar las notas.

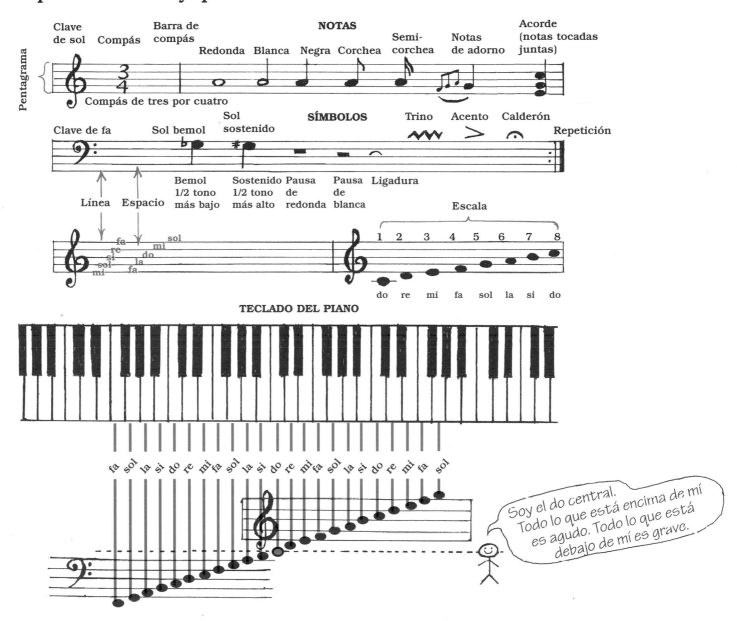

Leer la música escrita es como leer la letra de un compositor.

Bach   Mozart   Bartók

El nacimiento de la creación

Una intérprete quiere tocar la composición.
Quiere dar vida a lo escrito por el compositor.

Lee la música y la estudia.

Ejercita la obra con su
instrumento, el violonchelo.

El instrumento da sonido
y color a la música.
La intérprete pone su propio
sentimiento dentro de la música.
Al final está preparada para tocar
la pieza para que la disfruten otros.

La música puede
estar compuesta para
un instrumento,

para un grupo de instrumentos,

La música de cámara se toca en grupos de dos a diez músicos en una habitación o en una sala pequeña, íntima.

o para una orquesta entera.

Una orquesta toca en un gran auditorio. Algunas obras han sido escritas para más de cien instrumentos y coro, todos tocando y cantando juntos como un equipo. Resulta un sonido emocionante.

Algunos instrumentos de la orquesta

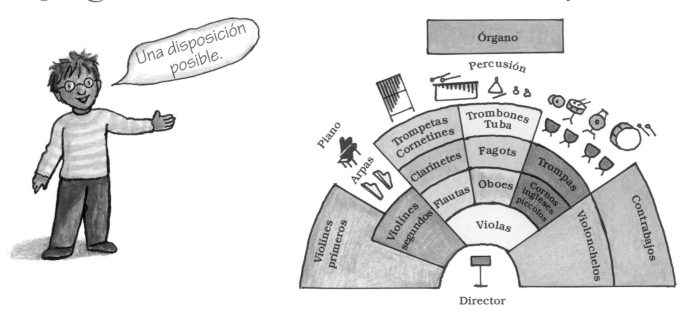

Una disposición posible.

Instrumentos de cuerda

Se tocan con un arco, se pulsan o se rasguean.
Las cuerdas vibran para producir el sonido.

Violín

Viola

Violonchelo

Contrabajo

Arco

Piano
Las teclas golpean las cuerdas en el interior.

Arpa

Clavicémbalo
Las cuerdas se pinzan en el interior.

Plectro para rasguear

Guitarra

Laúd

Mandolina

Instrumentos de viento

En los instrumentos de madera y metal, el sonido se produce al soplar. El sonido vibra dentro de un tubo hueco.

Maderas

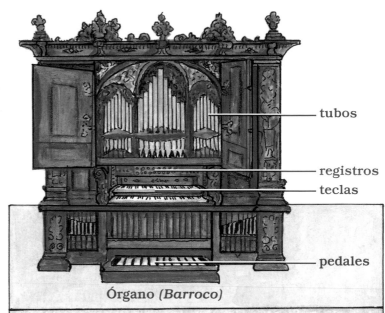

tubos

registros

teclas

pedales

Órgano (Barroco)

Las manos y los pies bombean aire dentro del tubo del órgano para convertirlo en sonido. Un gran órgano debe de ser construido directamente en su lugar: auditorio, catedral, templo o sinagoga.

Flauta
El aire pasa a través de un agujero.

Piccolo

El bebé de la orquesta.

Instrumentos de caña
El aire pasa a través de una boquilla provista de una caña

caña

Clarinete

Oboe

Corno inglés

Fagot

Contrafagot

Metales

El aire se sopla en la boquilla de metal.

Cornetín

Corneta

Trombón

Trompeta

Saxofón
Instrumento de una sola caña

Trompa o corno

Tuba

¡Tápate los oídos!

Instrumentos de percusión

El sonido se produce al golpearlos o sacudirlos

También se pueden tocar con suavidad.

Baquetas

Escobilla

Mazos

Tambor

Platillos

Xilófono

Pandereta

Bombo

Gong

Campanas

Timbales

Castañuelas

Triángulo

20

El director

Un director, o maestro, conduce la orquesta.
Algunos directores utilizan una batuta.

Batuta

Partitura

Atril

Podio

Sigue la partitura, donde están
todas las partes instrumentales
y vocales de la obra.
El maestro indica a los músicos
cuándo deben empezar, parar,
tocar más fuerte, más suave,
más rápido o más lento.
Los dirige con sentimiento.
Cada instrumento es único
e importante, tanto si es tocado
solo como con otros.
Son los músicos los que hacen
cobrar vida a los instrumentos,
y lo hacen muy bien.

La voz también es un instrumento

Se han compuesto muchos
tipos de música para una o más voces.

*Canciones populares,
baladas*

*Jazz, blues,
espirituales negros*

*Lieder (canción
culta para solista)*

Ópera

Comedias musicales, operetas

Coro, orfeón, coral

Coro de niños

**Las voces de los cantantes
tienen diferentes alturas.
Las femeninas llegan más alto.
Las masculinas llegan más bajo.**

Las voces de niños
son agudas.

Soprano
es muy aguda.

Contralto
es más grave.

Tenor
es más grave.

Bajo
es el más grave de todos.

Algunas voces no son tan agudas
y se sitúan en el centro.

Mezzo
soprano.

Contratenor.

Barítono bajo.

O más grave,
¡CROAC!

La música es armonía

**La armonía es el sonido
de diferentes notas que se mezclan.**

¡AHORA A CONTAR!

UNO *es un solo.*

DOS, *un dúo.*

TRES *es un trío.*

CUATRO, *un cuarteto*

CINCO *es un quinteto.*

SEIS, *un sexteto.*

SIETE *es un septeto.*

Ja Ja

¡Pero no vamos juntos!

Los términos musicales se expresan en italiano.

Sì, è così.

Dinámica, tempo, e italiano

Dinámica es la suavidad o la fuerza de la música.

pp	**p**	**mp**	**mf**	**f**	**ff**
pianíssimo (muy suave)	*piano* (suave)	*mezzopiano* (medio suave)	*mezzoforte* (medio fuerte)	*forte* (fuerte)	*fortíssimo* (muy fuerte)

Tempo es la lentitud o la velocidad de la música.

Largo (muy lento)	*Adagio* (lento)	*Andante* (andando)	*Moderato* (moderado)	*Allegro* (rápido)	*Vivace* (rápido y vivaz)	*Presto* (muy rápido)

La música también es para bailar

¡VAMOS A BAILAR!

Cuando oigo el ritmo
pierdo el control de mis pies.
Zapateo, pateo, doy vueltas, vuelo.
Soy tan libre como una hoja.
¡Por eso bailo!

En todo el mundo
la gente baila para divertirse,
para actuar, para expresarse, o para contar una historia.
Sea cual sea el tipo de baile –ballet clásico, moderno,
zapateado, religioso, popular o folklórico– los bailarines
utilizan sus cuerpos para expresar la música.

Danza moderna

Ballet

Claqué

Baile popular

Baile de salón

Jazz
(el charlestón)

Danza sobre hielo

Stomp

Flamenco

Baile de la cucaña

Danza cosaca
(Rusia)

Bharath Natyam
(India)

Cancán
(Francia)

28

Sirtaki
(Grecia)

Kabuki
(Japón)

Danza del águila
(Indios americanos)

Danza del león
(China)

Danza de tambores
(África oriental)

Música primitiva

Prehistórica

La música existe desde hace miles de años.
Cuando la gente celebraba una cacería, se sentía amenazada,
adoraba a los dioses o contaba cuentos, bailaba, batía
palmas, golpeaba troncos huecos, agitaba guijarros
y cantaba. Más tarde construyeron primitivos
instrumentos de piedra, hueso, conchas y metal,
que serían descubiertos por los arqueólogos.
Hoy están en uso variantes de muchos de ellos.

**Maraca de calabaza
con semillas**
2000 a.C.

Flauta de hueso de reno
30.000 a.C.
(Antigua Checoslovaquia)

**Trompa
de concha**

Trompeta
Edad de bronce

Silbato de hueso
40.000 a.C.
(Moravia)

Sonajero de terracota
(México)

**Tambor cubierto
de piel**

Algún día seré arqueóloga
y haré excavaciones.

Ellos descubren la
historia enterrada.

Yo también
sé hacerlo.

Música antigua
2600 - 400 a.C.

Lira de 11 cuerdas
2600 a.C.
Mesopotamia (Iraq)

Bailarina
con platillos
1400 a.C.
(Egipto)

Arpa de 9 cuerdas
1400 a.C.
(Egipto)

A lo largo del mundo antiguo, la música se convirtió
en parte de las ceremonias religiosas y militares,
así como de los espectáculos y el entretenimiento.
Los egipcios bailaban con arpas y platillos.
Desde los tiempos bíblicos, los judíos han tocado
el shofar, uno de los instrumentos más antiguos
todavía en uso. Los chinos tenían orquestas
de campanas, gongs, tambores y cítaras; también
inventaron una forma de escribir música.

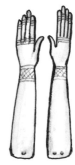

Badajos
de marfil
(Egipto)

Corno
(trompa de bronce)
(Roma)

Campana Po-chung
(China)

Trompeta maya
1500 a.C.
(México)

Shofar
(cuerno de carnero)
(judíos)

31

La música de los dioses

500 - 400 a.C.

Lira
de 7 cuerdas

En la antigua Grecia, la gente amaba la música.
Los grandes pensadores decían que era importante
para el cuerpo y para el alma. La música formaba parte
de todos los acontecimientos de la vida cotidiana:
el trabajo, el juego, el teatro, los deportes y la religión.
La gente bailaba, cantaba, tocaba el aulos, tañía la lira
y cantaba los mitos mágicos sobre sus dioses y diosas.
Tenemos que imaginar cómo sonaba, ya que no existe
grabación de la música que se escribió.

Bailarina

Doble aulos
(flauta de caña)

Flauta de Pan
(llamadas así por Pan,
el dios de la naturaleza)

A cuerda
más corta,
nota más
aguda.

En el 500 a.C. Pitágoras probó
mediante las matemáticas
que las vibraciones eran las
causantes de la altura
y la vibración de la nota.

Apolo era el dios
de la música.

Su hermano, Hermes,
inventó el laúd el mismo
día que nació.

¿Qué le llevó
tanto
tiempo?

"Música" viene de "musa",
un espíritu que inspiraba
las melodías y canciones.

MITOS GRIEGOS

La música a través de los siglos

Siglos I a XV d.C.

En el año 1030, un monje italiano, Guido d'Arezzo, fijó las bases de la notación musical que utilizamos ahora, con pentagramas, líneas, espacios y notas.

La música fue evolucionando siglo tras siglo. En la Baja y Alta Edad Media, se desarrollaron nuevas formas de música. El cristianismo inspiró la música religiosa. La música se volvió polifónica, tocada y cantada por dos o más partes melódicas. Se inventaron las notaciones. La música ya no constituía un evento para una sola vez. A partir de ese momento estaría escrita y preservada para otros músicos y otras generaciones.

tambores   violín   campanas

Músicos enmascarados, cantantes y bailarines, actuaban en las obras de teatro.

En Inglaterra, los juglares cantaban y tañían sus laúdes por las calles.

En Francia, los trovadores viajaban de un palacio a otro para entretener a la corte con sus poéticas baladas.

Se inventaron nuevos instrumentos, cómo el órgano portátil.

caramillo tambor   viola   la dulzaina

flauta baja   arpa

Los músicos tocaban en grupos formados por diferentes instrumentos.

El florecimiento de la música clásica

Siglos XV a XXI

Mi estilo favorito.

Durante los siglos siguientes se produce en la música occidental un estallido de inventos y nuevas y ricas sonoridades. Cada período musical refleja los cambios en la vida y el arte de su época.

RENACIMIENTO
(1430-1600)

COMPOSITORES:
Dufay (c.1400-1474)
Josquin des Prez (c.1445 -1521)
Tallis (1505-1585)
Palestrina (1525-1594)
Byrd (1543-1623)

Surgen los primeros compositores. El sistema de notación, así como la primera música impresa (1472), extienden su influencia a través de Francia, Alemania, Holanda e Inglaterra. Domina la música coral.

Guillaume Dufay, *maestro francés de la polifonía, y músico que influenció a sus contemporáneos.*

Thomas Tallis *compuso en Inglaterra un motete para cuarenta voces diferentes.*

Giovanni Palestrina *hizo en Italia magistrales composiciones de música sacra.*

PERÍODO BARROCO
(1600-1750)

COMPOSITORES:
Monteverdi (1567-1643)
Lully (1632-1687)
Buxtehude (1637-1707)
Purcell (1659-1695)
A. Scarlatti (1660-1725)
Couperin (1668-1733)
Vivaldi (1678-1741)
Rameau (1683-1764)
J. S. Bach (1685-1750)
Häendel (1685-1759)

Música polifónica de gran complejidad para iglesia, ópera, voces, danza y teatro. El órgano y otros nuevos instrumentos –teclados, violín, violonchelo, instrumentos de viento– se tocaban a solo, en pequeños o grandes grupos orquestales.

Johann Sebastian Bach, *organista y uno de los mayores compositores que ha habido jamás, tuvo 21 hijos, muchos de ellos músicos.*

Luis XIV, *rey de Francia (1643-1715), propició el florecimiento de la música, la danza y el teatro en su corte.*

Antonio Stradivarius, *italiano, (1644-1737), construyó los mejores violines y violonchelos, todavía hoy muy apreciados.*

Georg Friedrich Häendel *compuso centenares de obras dramáticas, incluyendo el oratorio El Mesías.*

PERÍODO CLÁSICO
(1750 - 1825)

COMPOSITORES:
Haydn (1732-1809)
Mozart (1756-1791)
Beethoven (1770-1827)
Rossini (1792-1868)
Schubert (1797-1828)

El peso de la música clásica: grandes melodías, complejas sinfonías para grandes orquestas, conciertos para instrumentos solistas perfeccionados. Los músicos eran empleados por la iglesia o la realeza.

Wolfgang Amadeus Mozart, *considerado por muchos como el mayor genio musical de la historia, vivió una vida corta pero intensa y prolífica.*

Franz Joseph Haydn *escribió muchas obras memorables y para Mozart era su amigo más respetado.*

Ludwig van Beethoven *escribió sinfonías magistrales, incluso después de volverse sordo.*

Franz Schubert, *en sus breves 31 años de vida, compuso sinfonías y más de 600 Lieder inolvidables.*

PERÍODO ROMÁNTICO
(1825 - 1900)

COMPOSITORES:
Berlioz (1803-1869)
Mendelssohn (1809-1847)
Chopin (1810-1849)
Schumann (1810-1856)
Liszt (1811-1886)
Wagner (1813-1883)
Verdi (1813-1901)
Brahms (1833-1897)
Puccini (1858-1924)

La música se vuelve descriptiva y melodiosa. Expresa emoción, aventuras, belleza de la naturaleza, amor, drama. Grandes pianistas viajan al extranjero para dar conciertos.

Johannes Brahms *es reverenciado por sus sinfonías, su música de cámara y su Requiem Alemán.*

Frédéric Chopin *compuso e interpretó melancólicos preludios y nocturnos, además de complejos estudios para piano.*

Franz Liszt *era compositor y un brillante pianista, con un gran sentido de la teatralidad.*

Richard Wagner, *compositor y libretista, basó los argumentos de sus óperas en leyendas germánicas.*

El sonido se abre camino

Como un estallido de fuegos artificiales,
dos inventos realizados en EE.UU. conmocionaron
al mundo y lo cambiaron para siempre.

Alexander Graham Bell
*(1847-1922) inventó
el teléfono.*

¡Hola, hola! ¿Puedes oírme? En 1876, el sonido es transmitido por teléfono.

Y en 1877 se transmiten sonidos grabados. Esto trajo nueva inspiración a la música en todo el mundo.

¡Y también me hizo famoso a mí!

Thomas Alva Edison
*(1847-1931) inventó
el fonógrafo.*

NACIONALISMO
(1875-1900)

COMPOSITORES:
Smetana (1824-1884)
Borodin (1833-1887)
Bizet (1838-1875)
Tchaikovsky (1840-1893)
Dvořák (1841-1904)
Grieg (1843-1907)
Elgar (1857-1934)
Mahler (1860-1911)
Debussy (1862-1918)
Sibelius (1865-1957)
Ravel (1875-1937)

*Una nueva mezcla de sabores musicales, creada por compositores
de varios países, refleja su patria, su historia, su música popular
y sus cuentos de hadas. El gran invento del sonido grabado llevará
la música a todos.*

Piotr Ilytch Tchaikovsky
*compuso música orquestal
rusa rica y melodiosa
para danza.*

*La popular ópera
Carmen, del compositor
francés* **Georges Bizet**,
tiene un tema español.

Gustav Mahler, *compositor-
director austriaco, escribió
diez intensas sinfonías.*

Claude Debussy
*reflejó en su música el
impresionismo francés
con color y ritmo.*

Jean Sibelius *describió su
patria, Finlandia, en poemas
sinfónicos y sinfonías.*

Enrico Caruso *(1873-1921)
tenor italoamericano, fue
el primer artista popular
grabado en disco.*

TIEMPOS REVOLUCIONARIOS
(1900-1940)

COMPOSITORES:
R.Strauss (1864-1949)
Rachmaninov (1873-1943)
Schoenberg (1874-1951)
Ives (1874-1954)
Stravinsky (1882-1971)
Prokofiev (1891-1953)
Hindemith (1895-1963)
Gershwin (1898-1937)
Weill (1900-1950)
Shostakovitch
(1906-1975)

Nuevos sonidos, disonancias, guerra e influencias de Rusia y el Nuevo Mundo. Los compositores americanos crearon una música original que refleja sus ciudades, vidas y el jazz. Muchos compositores escribieron música para una nueva forma de arte: el cine.

Sergei Rachmaninov, *pianista ruso, escribió música romántica y melodiosa.*

Sergei Prokofiev *expresó las experiencias y los cuentos rusos en su música.*

Igor Strawinsky *adornó el mundo con sonidos rítmicos y neoclásicos.*

Arnold Schoenberg *encontró una nueva forma de expresión utilizando un sistema de doce tonos.*

Kurt Weill *describió la sociedad alemana de la pre-guerra en su popular música de teatro.*

George Gershwin, *compositor y autor de canciones, introdujo el alma de América en Europa.*

PERÍODO MODERNO
(De 1940 hasta el presente)

COMPOSITORES:
Bartók (1881-1945)
Ellington (1899-1974)
Copland (1900-1990)
Cage (1912-1992)
Britten (1913-1976)
Bernstein (1918-1990)
Ligeti (1923)
Boulez (1925)
Stockhausen (1928)
Reich (1936)
Glass (1937)
Adams (1947)

Música contemporánea, electrónica, de ordenador y experimental, influenciada por el jazz americano y la música oriental de la India, Japón y China.

Béla Bartók *inserta canciones folklóricas húngaras en obras para piano y orquesta.*

Benjamin Britten, *compositor y director británico, escribió óperas, música de cámara y religiosa.*

Aaron Copland *llevó la vida de EE.UU. a sus ballets y sus suites.*

Leonard Bernstein, *compositor-director-pianista, cruzó los límites entre la música clásica y la popular.*

Philip Glass *utiliza el ritmo, los cambios de tono y las repeticiones en su música minimalista.*

Karlheinz Stockhausen, *compositor alemán, creó nueva música con cintas y sonidos electrónicos.*

La diversidad de la música

Cada país tiene sus propios sonidos,
ritmos, instrumentos, canciones y bailes.
La música refleja la cultura y la gente.
Los distintos sonidos han influenciado tanto
a la música clásica como a la popular.

*Un gaitero escocés hace música
apretando una bolsa de aire.*

*El pi'pa chino suena
suave y claro.*

*El pi'pa chino suena
suave y claro.*

*En la India se improvisan largos
ragas en el sitar y la tabla.*

*En las calles de Bolivia,
tocan bandas con flautas
y tambores primitivos.*

A mí, algunas músicas
me suenan a ruido.

Entonces escúchalas hasta
que el sonido te resulte
familiar.

La música me ayuda
a comprender a la gente
que la hizo, incluso si viven
muy lejos.

Los aborígenes australianos tocan desde hace 3.000 años el didgeridu, un tronco de árbol ahuecado por hormigas y termitas.

En las Antillas, las bandas de percusión tocan sus canciones populares al ritmo de calipso, utilizando viejos barriles de petróleo convertidos en tambores afinados.

Campanas, gongs, xilófonos y tambores forman en Indonesia un gamelán.

El expresivo koto es una especie de cítara que se toca en Japón.

El cuerno de los Alpes y el acordeón son los instrumentos favoritos del folklore suizo.

El sansa africano tiene tiras de metal que se pulsan con los pulgares.

El nacimiento del jazz

Los inmigrantes llegados de otros países a EE.UU. trajeron con ellos su música y su cultura. El JAZZ es la primera música genuinamente americana.

Siglo XX
Pioneros
del
JAZZ

El jazz tiene ritmo.

¡Y sentimiento!

Grandes artistas improvisan sobre la melodía.

¡Son LEYENDAS!

UNA MINI HISTORIA

El desarrollo del jazz se produce entre los años 1880 y 1890 a partir de varias influencias: las canciones de los esclavos, el escenario musical de Nueva Orleans, actuaciones de cantautores, el banjo y otros.

1800

En el sur, espirituales, gospel religioso y canciones de trabajo expresan el dolor, la desesperación y la esperanza durante el oscuro período de la esclavitud en América.

Varias circunstancias influencian el nacimiento del JAZZ:

• NUEVA ORLEANS: una bulliciosa ciudad con mezcla de razas y culturas (francesa, africana, criolla, caribeña) atrae a los músicos con talento.

• Encuentros populares de CANTAUTORES con panderetas, banjos y cantantes recorren las ciudades americanas, entreteniendo al público con sátiras y canciones.

• El sonido rasgueado del BANJO inspira el pulso sincopado del JAZZ. Sus orígenes pueden encontrarse en África occidental.

El JAZZ brota en el norte, en las costas este y oeste, y entre las dos.

1900 Delta del Misisipí

EL BLUES
Música sentimental, formada por algunos acordes de «notas melancólicas» que reflejan el espíritu de la época.

1900 Nueva Orleans

Animadas BANDAS improvisan en las calles música para funerales y carnavales.

El RAGTIME causa sensación en Chicago.

MAPLE LEAF RAG
Piano Rags
por el Rey del Ragtime.
SCOTT JOPLIN

Jerry Roll Morton y sus Red Hot Peppers

de Costa a Costa
GIRA AMERICANA

ESTA NOCHE

Los compositores de RAGTIME introducen en la música un ritmo popular sincopado.

Popular pianista y compositor de RAGTIME, fue el primero en escribir la música de JAZZ.

Años 20 — Chicago se convierte en la capital del JAZZ

Los Locos Años Veinte

LA ERA DEL JAZZ
La música llega al público a través de la radio, el gramófono, los clubs, el cine, los conciertos, los teatros y el baile.

King Oliver · Sidney Bechet · Johnny Dodds · Kid Ory · Fats Waller

Los artistas de JAZZ van a las grandes ciudades y se pone de moda el DIXIELAND JAZZ.

Django Reinhardt · HOT CLUB · Stephane Grapelli

El JAZZ se vuelve popular en Francia y se extiende luego al resto de Europa y a Japón.

Años 30

LOUIS · Famosas Leyendas del Jazz · Billie Holiday · Ella Fitzgerald

Las bandas de JAZZ viajan por Europa con cantantes e instrumentistas brillantes como Louis Armstrong, artista fundamental del JAZZ de los 50 años siguientes.

Años 30 y 40

NEW YORK COTTON CLUB · Count Basie · Fletcher Henderson · DUKE ELLINGTON Compositor · Director de banda · Pianista

LA ERA DEL SWING
Las Big Bands se convierten en las favoritas, con bailarines que giran al ritmo de la música.

Stan Kenton · JIMMY + TOMMY DORSEY · Frank Sinatra · BENNY GOODMAN Rey del Swing · Paul Whiteman

Surgen los músicos de JAZZ blancos, y el SWING se convierte en la locura de los salones de baile.

BOOGIE WOOGIE

El Lindy-Hop, Shim, Sham, Shimmy Jitterbug se baila al son del tocadiscos.

Bebop · Art Tatum · Bud Powell · DIZZY GILLESPIE · Thelonius Monk · Dinah Washington · charlie Parker · Sarah Vaughn · Ray Brown

Artistas de JAZZ con gran talento se convertirán en leyendas y llegarán a un público numeroso y entusiasta.

NEW YORK CARNEGIE HALL · Jazz en la Filarmónica · RAVEL · Schuller's Third Stream · DVOŘÁK · Gershwin · Stravinsky · STORMY WEATHER con Cab Calloway · EN BREVE

El JAZZ influencia a los compositores clásicos y es celebrado en conciertos, festivales y películas.

El Jazz arrasa en la Costa Oeste · **Años 50 y 60** · Quincy Jones · Charlie Mingus · Chet Baker · Dave Brubeck · John Coltrane · STAN GETZ · Sonny Rollins · ART BLAKEY · MODERN JAZZ Quartet · MILES DAVIS · Dexter Gordon

Trompetista de JAZZ único, influencia una nueva ola de COOL JAZZ, MODERN JAZZ, FREE JAZZ, FUSIÓN y JAZZ ELECTRÓNICO.

Nat King Cole · Lena Horne · Billy Eckstine · Carmen McCrea · Cleo Laine · Ray Charles · Peggy Lee · Anita O'Day

Los cantantes dejan las bandas y consiguen una nueva popularidad en grabaciones, el escenario y la radio.

Años 70 y 80

Keith Jarrett · Herbie Hancock · Chick Corea · George Shearing · Cassandra Wilson · Diana Krall · Christian McBride · Wynton Marsalis · Marsalis Family

Después de un período de crisis durante el cual ganan en popularidad otros tipos de música, el JAZZ revive –liderado por Wynton Marsalis y otros– enriquecido con energía nueva y antigua.

Después, durante los 90 y de cara el nuevo siglo, el JAZZ alcanza a una nueva generación de artistas que miran hacia delante y hacia atrás. ¡El jazz es CLÁSICO!

Y luego viene.... Gira la página para saberlo.

Me empieza a doler la cabeza.

♫♪ Música popular en un mundo pequeño

La música se extendió
con un gran éxito.
Primero difundida por la radio. Luego por los discos

del fonógrafo, gramola, televisión, cintas,

vídeos, discos compactos y giras de conciertos .

La música pop llenó las ondas.
El público bailaba, se desmayaba, soñaba, pateaba, chasqueaba
los dedos, lloraba, gritaba y aplaudía cuando oía su música,
a su cantante o a su grupo favoritos.

Los 20

Los 30

Los 40

Los 50

Cole Porter

Lerner + Lowe

Rodgers + Hart + Hammerstein

Grand O'Opry

* Vaudeville
* Tim Pan Alley

Al Jolson

Gershwin

da Silva

Pete

Leadbelly

PORGY + BESS

Jerome Kern

FRANKIE

Harold Arlen

Elmo Bernstein

Hank

Loretta

NASHVILLE

OKLAHOMA!

Willie Nelson

* Variedades
* Music Halls
* Big Bands

Woody

Irving Berlin

* Baile de Salón
* Foxtrot
* Tango

Judy

Leonard Bernstein

Tammy

* Hillbilly

HOLLYWOOD

Andrews Sisters

Rumba

* Samba

chachachá

BROADWAY

* Mountain
* Delta

JAZZ ☆ FOLK ☆ Sintonías de radio ☆ Baladas ☆ MUSICALES ☆ Country Western ☆ Bluegrass ☆

Johnny Mathis

WEST SIDE STORY

Mel Tormé

Sondheim

Johnny Ray

Perry Como

Los 60

Johnny Hartman

Joe Williams

The Mills Brothers

1955

ROCK 24 horas

The Ink Spots

THE BEATLES

Paul!

John!

George!

Ringo!

Ravi Shankar

Johnny Cash

Bill Haley

Joan Baez

ELVIS

Buddy

John Denver

Beau Jocque

Buckwheat Zydeco

DYLAN

Joni

Cajun

* Zydeco
* Creole

Beau Soleil

Boozoo

Dusty Springfield

Sonido Nueva Orleans

☆ Rockabilly

ROCK'n ROLL

POP ☆ ROCK ☆ Canción Protesta ☆ FOLK ROCK ☆ POP ROCK ☆ Country POP ☆

Rolling Stones

Leonard Cohen

42

Y sigue cambiando.
La música pop se mueve y cambia
con los tiempos. Refleja las tendencias
y los gustos de las culturas populares.
Alguna vendrá y se irá, otra quedará.
Está sucediendo y es GLOBAL!

La música es terapia

Cada cual tiene un tipo de música
que le proporciona bienestar y placer.
La música hace el trabajo más llevadero
en las fábricas, las oficinas o en la casa.
Inspira a todo tipo de artistas mientras crean.
La música es buena para todos.

Ayuda a relajarse a quien está tenso.

Ayuda a los bebés a dormir.

Ayuda a los enfermos a mejorar

Ayuda al enojado a calmarse.

La música consuela a quien está triste.

La música ayuda a quien crea.

Te encuentras bien cuando haces música con amigos.

Algunas personas escuchan
diferentes tipos de música mientras
realizan actividades diversas.

En la cocina

En el taller

En el baño

44

La música también es buena para los animales

Ayuda a las vacas a dar más leche.

Ayuda a las gallinas a poner huevos más grandes.

Ayuda a actuar a los elefantes tímidos.

Los pájaros cantores, las ballenas, los lobos y otros animales crean su propia música. Su canto inspira a los compositores y a otros.

ballena   delfín   foca   lobo

El estudio conduce a la perfección

Hacemos música.
Hacer música es una dura diversión.
Para aprender a tocar un instrumento
hay que practicar muchísimo.

Pero cuando lo has hecho ya está.

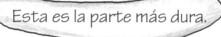

Esta es la parte más dura.

Esta es la parte divertida.

Cuando estudias y aprendes
empiezas a hacer sonidos
maravillosos. El estudio
se convierte en diversión.

Aprendes a tocar nuevas obras.
Te sientes orgulloso.
Tu profesor de música
te dice que darás un recital.
Tocarás en público.

El metrónomo ayuda a mantener el tempo.

La actuación

Debe de estar nerviosa.

En tu recital te ha llegado el momento
de tocar. Todo el mundo te está mirando.

Te concentras.
Lo haces lo mejor que puedes.

Cuando acabas, todo el mundo aplaude.
Suena como las olas al romper.
Te sientes bien. Coges un arco.
Te sientes aliviada y muy orgullosa.

Lo celebras.
Todos saben que lo has
hecho bien. La próxima
vez será todavía mejor
porque cada día
aprendes más.
El estudio conduce
a la perfección.

La música es para todos